Search Engine Optimization

Luigi Padovesi

Teoría de los motores de búsqueda

¿Qué es un motor de búsqueda?

Sé que lo sabes, pero quizás nunca pensaste en la definición. Un motor de búsqueda es un software que visita toda la web (por lo menos, la web visible) e indexa cada página, para permitir a los usuarios buscar a través de este océano sin límites de información.

Para entender cómo ser considerado positivamente por un motor de búsqueda, especialmente por Google, vamos a profundizar en los procesos que conducen a la definición de los resultados.

● La fase de exploración comienza en los sitios que el motor de búsqueda conoce, y sigue los enlaces que conducen a otros sitios externos, exactamente como lo haría una persona. Este sistema utiliza software especial llamado bot, spider o crawler.

● A continuación se produce la indexación, que permite al motor de búsqueda desenvolverse rápidamente entre los miles de millones de resultados que ha adquirido.

Google, y cualquier otro motor de búsqueda, ahora analiza las palabras clave que encuentra dentro de cada página visitada y agrupa las páginas y los sitios web en función de los temas.

- En este momento el motor de búsqueda conoce los sitios web relacionados con un tema en particular, pero ¿cómo se decide quién se muestra primero? Aquí estamos descubriendo la existencia de la página de clasificación, una puntuación que determina la calidad de cada página con respecto a la búsqueda de una determinada palabra clave.

- La respuesta se denomina SERP (Search Engine Results Page) y es lo que ve el usuario después de escribir las palabras clave a buscar. Una fila de páginas alta nos llevará a una posición baja en las SERP, por lo tanto, más cerca del primer lugar.

En Italia, el motor de búsqueda más utilizado es Google, que cubre más del 98% de las búsquedas en línea. Por esta razón, todos los consejos que te daremos en este libro se centrarán en Google. No te olvides, sin embargo, que el funcionamiento de los motores de búsqueda es básicamente el mismo: apenas

serás el primero en Google e invisible en Bing,
Por lo tanto, su trabajo será extremadamente
eficaz incluso en caso de que desee optimizar
su sitio web para otro motor de búsqueda.

¿Qué es el SEO?

Literalmente, SEO significa Search Engine
Optimization, es decir, el proceso que permite a
nuestro sitio web ser visto positivamente y, por
tanto, apreciado y visible por Google.

Sólo el 10% de los usuarios que realizan una
búsqueda en Google llegan a visualizar la
segunda página de los resultados: Por lo tanto,
es fundamental para tu actividad ser visible para
un gran número de usuarios a través de la
investigación orgánica, ya que la alternativa es

pagar por el tráfico que recibes, una decisión muy costosa a largo plazo.

¿Cómo se trabaja entonces en la óptica SEO?

Se trata de un trabajo que combina las competencias técnicas informáticas con las de la creación de contenidos: en efecto, Google tiende a premiar algunas prácticas por un sitio web que sea seguro, accesible, pero el verdadero centro de atención sigue siendo lo que el sitio web quiere transmitir. Se trata, por tanto, de un compromiso a largo plazo, pero que pagará dividendos a lo largo de los próximos años en visibilidad sin coste alguno.

☐

El SEO es indispensable

Los robots de los motores de búsqueda evolucionan cada vez más, pero aún no pueden interpretar un texto como lo hace un ser humano. Por esta razón, de hecho, el trabajo de SEO también incluye una buena cantidad de técnicas y medidas desde el punto de vista del diseño web, no sólo el contenido.

Por supuesto, sería bueno tener un sistema que pudiera analizar una gran cantidad de información y devolver exactamente lo que estamos buscando. Hay algunos motores de búsqueda que quieren acercarse a este objetivo, como Wolframalpha, pero generalmente los motores estándar más famosos no son capaces de hacer eso: de hecho, funcionan exactamente como hemos visto anteriormente.

De hecho, la tecnología tiene varias limitaciones.

Imagínate poner una fotografía en línea. Un ser humano será capaz de entender al vuelo lo que se representa en la foto y describir al sujeto en los más pequeños detalles, sólo con una mirada.

Un software, como el crawler de Google Imágenes, podría ser difícil de entender lo que está representado, por no hablar de los detalles.

Por lo tanto, el objetivo del EEE también es ayudar a los motores de búsqueda a indexar la información, comprender lo que se ha escrito y no solo las palabras individuales que componen un artículo.

Esta es la razón por la cual una estructura de buena calidad y diseñado en óptica SEO es crucial para obtener resultados con Google.

Conocer el funcionamiento de los motores de búsqueda te permite ahora predecir cuáles son las capacidades y cuáles son los límites de estos programas, y por lo tanto estructurar su sitio web para que pueda ser comprensible no sólo por un ser humano, sino también por un motor de búsqueda.

Por lo tanto, los motores de búsqueda funcionan básicamente con robots, software que navegan entre los sitios web y siguen los enlaces. Su algoritmo está cada vez más evolucionado, pero nunca llegará a igualar la comprensión del texto y de las fotos que puede tener un ser humano.

Los límites del crawler

Ahora te voy a enumerar los límites más importantes de los crawlers de los motores de búsqueda:

1)   Las páginas web ocultas, como las que requieren datos de acceso, no suelen ser accesibles a los motores de búsqueda y, por tanto, limitan la indexación de nuestro sitio web.

2)   Los contenidos duplicados se identificarán como copiados, aunque procedan de la misma fuente. Esto sucede con algunos CMS, que crean varias versiones de páginas con el mismo contenido.

3)   Confiabilidad del código del archivo robots.txt: este archivo le indica al bot qué indexar y qué no. Un error en la redacción de este archivo puede bloquear literalmente la indexación de su sitio web.

4)   Estructura del sitio: Si la forma en que está estructurado su sitio web no es fácil de entender para el crawler, esto puede no tener

acceso a todas las páginas y por lo tanto perder contenido.

5) Contenido no textual: todos los contenidos que no son código HTML básico, como imágenes, fotos, vídeos, audio, pero también software en Flash o Java, no son indexados.

6) Sinónimos: el crawler generalmente no puede asociar términos sinónimos, por lo que puede que no se encuentren si el usuario ejecuta la consulta utilizando palabras diferentes de las escritas en su sitio web, aunque con el mismo significado.

7) Problemas de idioma: el idioma de tu sitio web puede no ser el que corresponde a las personas que buscan su contenido. Esto hará que tu visibilidad desaparezca en un corto período de tiempo.

Por lo tanto, compruebe que el contenido de tu sitio web se ajusta a lo que hemos descrito anteriormente: se trata de aspectos técnicos de suma importancia.

El motor de búsqueda no puede interpretar lo que escribe, por lo que no reconoce la calidad de su contenido.

Lo que sí puedes hacer es evaluar, de acuerdo con algunas métricas técnicas, cuánto tu sitio web parece relevante para un determinado tema; Google tiene acceso a una gran parte de la información de navegación de millones de personas, por lo tanto, aunque no puedes entender si tu contenido es interesante, es capaz de averiguar si esto resulta interesante para los lectores.

Esa es la razón por la que el contenido, a pesar de todo, importa. Y no es suficiente producirlo, también tienes que compartirlo y hacer que se hable de ello.

Haga una búsqueda en Google para entender el propósito de la comercialización de los motores de búsqueda.

¿Ves? Hay un número de sitios en la primera página de resultados. Las páginas que llenan esas ubicaciones están obviamente ordenadas por grado de importancia. Cuanto más alto se muestra tu sitio en la página de resultados de búsqueda, mejor es su click-through, es decir, la tasa y la capacidad de atraer a los investigadores.

Los tres primeros puestos dan lugar a una gran cantidad de tráfico, la mayor parte de la investigación. Luego vienen los otros resultados en la primera página, y finalmente, con cantidades realmente mínimas, de la página siguiente y más allá. Por lo tanto, la gente tiende a buscar algo en Google, pero sólo miran los tres primeros resultados, en general. Una visibilidad tan amplia y sin embargo tan restringida, como puedes imaginar, tiene un valor económico muy alto.

Independientemente de cómo se desarrollen los motores de búsqueda, la visibilidad y la atención de los compradores potenciales serán cada vez más importantes en un mundo basado en Internet.

Experiencia y contenido

Hemos visto cómo funcionan los motores de búsqueda. Sin embargo, miles de ingenieros están trabajando ahora para hacer que estos algoritmos sean cada vez más eficaces.

El objetivo es sencillo de definir: mostrar siempre lo que más interesa a la persona que está buscando en este momento.

En general, los sitios de éxito para los motores de búsqueda son:

- Soy fácil de usar
- Son rápidos y simples estéticamente
- Fáciles de entender
- Responden directamente con la información que busca
- Diseñados profesionalmente y accesible desde los navegadores móvil y de escritorio
- Proporcionan contenido original de calidad

Como hemos visto, sin embargo, los motores de búsqueda todavía no entienden el significado de textos, fotos, vídeos. Para descifrar estos parámetros y transformarlos en datos que puedan procesar, los motores de búsqueda procesan los metadatos de los sitios web y analizan el comportamiento real de los navegadores.

A través de la conexión de los usuarios las métricas de participación y aprendizaje van en automático; los motores recogen muchísima información en cada sitio web.

Usabilidad y experiencia de usuario influyen directamente en la clasificación en los motores de búsqueda, ya que proporcionan un valor que los motores de búsqueda pueden interpretar, indirectamente, a través del estudio de la navegación.

Recuerda, por lo tanto: "a nadie le gusta conectarse a un sitio web de mala calidad". Y el motor de búsqueda quiere darle al usuario lo que quiere.

Realizar una experiencia de usuario orientada y empática garantiza una respuesta positiva de los visitantes, fomentando el intercambio, el bookmarking y las visitas múltiples; estas señales son entonces interpretadas positivamente por los motores de búsqueda, ya que garantizan una buena calidad del sitio web.

Además, el motor de búsqueda también analiza el comportamiento de los usuarios en la página de resultados de búsqueda, analizando cómo se leen los resultados y qué se selecciona.

Por ejemplo, si decides abrir un enlace, pero regresas inmediatamente, el motor de búsqueda entenderá que el resultado no era de tu agrado y declinará el resultado.

Los motores de búsqueda tienden a premiar las visitas largas, que demuestran que el sitio web es interesante y competente, capaz de satisfacer al cliente.

Los motores crean un flujo de datos enorme y lo analizan continuamente para mejorarse.

En 2011, Google publicó una actualización importante de su algoritmo, denominado Panda.

Antes de "Panda", Google no analizaba directamente el comportamiento de los usuarios, sino que pedía que se señalara manualmente la mala calidad de los contenidos. Sin embargo, la actualización permite evaluar la misma métrica simplemente analizando el comportamiento de los usuarios.

Este algoritmo permitió un barrido más profundo de los sitios web, eliminando permanentemente miles de sitios web que utilizaban técnicas de SEO black hat como el spamming de keyword.

¿El resultado? Más del 20% de los resultados en Google han sido completamente revolucionados.

Por supuesto, Google y otros motores de búsqueda quieren monetizar: de esta necesidad nació Google Ads, que integra un algoritmo similar, obviamente equilibrado con las posibilidades económicas de cada anunciante.

Los sitios web son premiados si ofrecen contenidos de buena calidad.

Los algoritmos que utiliza Google hoy en día son, sin duda, más avanzados, pero el mecanismo subyacente es precisamente este.

Para el éxito de la escalada en el motor de búsqueda "Desarrollar excelentes contenidos" es la propuesta más repetida en las comunidades SEO, que seguirá siendo el mejor consejo para siempre. Los contenidos interesantes y útiles son cruciales para una búsqueda específica del motor.

Pongámonos en el lugar del usuario: la búsqueda en Google tiene un único propósito: aprender algo nuevo, encontrar la solución a un problema o informarse sobre un evento o compra en particular que desea realizar.

Google, por tanto, intentará ofrecer al usuario un contenido coherente con lo que está buscando.

Por este motivo, un contenido de calidad centrado en la solución al problema del usuario puede ser de gran ayuda, ya que es fundamental que el usuario comprenda desde el principio que está en el lugar correcto.

Por último, existen las búsquedas de navegación, que tienen simplemente por objeto llevar al usuario a un sitio específico: basta pensar en cuántas veces buscamos "Facebook" en Google en lugar de escribir la dirección completa directamente en el navegador.

A menudo, el usuario no recuerda o no conoce la URL exacta de un sitio web.

Instrumentos y servicios

Hay varias herramientas que pueden ayudarte en tu trabajo de optimización. Son herramientas gratuitas de gran valor: ¡veámoslos juntos!

Google Suggest

¿Has notado alguna vez que, al escribir una palabra en Google, el sistema automáticamente te sugiere algunas posibles claves de búsqueda? Esto es Google Suggest.

¿Cómo funciona? Google Suggest trata de entender lo que estás buscando, basándose en tu historial de búsqueda y en los datos recopilados por otros usuarios.

Es una herramienta muy valiosa para la búsqueda de keyword, incluso larga cola, capaz de llevar una buena cantidad de tráfico: si la keyword está ahí, ¡es porque la gente la está buscando!

Google Keyword Planner

Keyword Planner es otra herramienta de Google, indispensable para la planificación de palabras clave.

Puedes acceder fácilmente creando una cuenta de Google Ads sin necesidad de iniciar una campaña.

De hecho, Keyword Planner le permitirá escribir algunas palabras clave de su elección, mostrando a continuación el número de resultados y el volumen de búsqueda, mes a mes. Si usted está planeando campañas publicitarias, también tendrá la oportunidad de evaluar los costos por clics medios y otra información interesante.

Keyword Planner es indispensable para la evaluación periódica de keyword, por ejemplo, podemos esperar que las búsquedas en cuanto a lugares de vacaciones sean mayores justo antes del verano: para comprobarlo, utilizamos Keyword Planner.

Answer The Public

Answer The Public es un servicio de terceros muy similar a Google Suggest, pero también contiene las sugerencias de Bing.

Las sugerencias de Answer The Public son excelentes para ser utilizadas como palabras clave en los títulos o en los párrafos de tus artículos, a fin de garantizarte la máxima relevancia.

Todos los datos se enumeran en diferentes categorías para facilitar la navegación, realmente recomendable incluso si buscas ideas para artículos, por ejemplo, para un blog.

Ubersuggest

Ubersuggest es un servicio muy interesante que facilita la búsqueda de largo tail keyword según algunas palabras clave de su elección.

Ubersuggest no sólo funciona con Google, sino también con Youtube, Google Shopping y muchos otros servicios.

Seo Hero

SEO Hero es una herramienta de automatización indispensable para evaluar la competición sobre determinadas palabras clave: en efecto, analiza los resultados de las primeras 100 páginas por cada palabra clave que podamos necesitar, y nos devuelve la frecuencia de una palabra clave dada dentro de la página

En el sitio y fuera del sitio

Hemos visto cómo el SEO abarca todos los elementos básicos de un sitio web, y cómo el motor de búsqueda los analiza.

Por lo tanto, no se trata sólo del código HTML, las imágenes y los vídeos. En este caso hablamos de SEO in situ: la optimización se realiza directamente en el propio sitio.

Existe también un segundo tipo de SEO, llamado SEO off-site: en este caso no tenemos el control total sobre lo que sucede, porque se trata de operaciones que se producen fuera de nuestro sitio web.

Se trata de los enlaces que nuestro sitio web recibe de otras direcciones: si un artículo es interesante y relevante para un tema determinado, es probable que éste sea enlazado varias veces por sitios y blogs externos como referencia.

El motor de búsqueda interpreta estos backlink positivamente y puede ayudar a clasificar nuestro sitio web. No es sólo el número de enlaces lo que cuenta: recibir un enlace desde un sitio web autoritario en su propio sector, bien situado en Google, tiene un valor muy alto.

Por el contrario, estar enlazado por sitios web de mala calidad no va a contribuir significativamente a nuestro posicionamiento.

Sitios SEO-Compliant

Muestra la estructura gráfica de su sitio.

La estructura se desarrollará como un árbol, estableciendo la página de inicio en la parte superior y bajando en cuanto a las categorías, que a su vez tendrán que contener las páginas individuales.

Por desgracia, muy a menudo se trata de sitios web estructurados de manera diferente: hay categorías muertas, enlaces no funcionan, páginas de contenido en lugar de categorías y otros errores estructurales de este tipo.

Una vez más, una herramienta, Screaming Frog, puede ayudarnos.

Se trata de un instrumento de pago, pero se puede utilizar gratuitamente si el sitio web está por debajo de las 500 páginas.

Screaming Frog analizará nuestro sitio web como lo hace el crawler de Google y nos muestra la estructura, teniendo en cuenta la distancia de cada página de la página principal y de su categoría.

También nos informará de los errores en las páginas o enlaces.

¡No molestes a Google!

Para colocar tu sitio en los motores de búsqueda, debes asegurarte de que los textos siguen algunas reglas básicas.

La primera regla se basa más en la psicología que en bases técnicas: las personas tienden a recordar mejor lo que leen primero y último: Por lo tanto, asegúrate de utilizar tus palabras clave, especialmente en los párrafos primero y último de su texto.

También es importante la densidad de las palabras clave: si deseas optimizar la búsqueda de una palabra clave en particular, asegúrese de repetirla varias veces durante el artículo. No obstante, evite exagerar: esta práctica, conocida como estupefacientes de palabras clave, fue eficaz en el pasado, pero ahora se considera como una técnica de sombrero negro y tendrá un efecto negativo en su rank.

Entonces, ¿cuál es el umbral?

Lo ideal es insertar cada palabra clave dada una vez cada 200 palabras. También utiliza sinónimos y palabras relacionadas con el contexto, por lo que se puede encontrar en Google también para algunas variaciones de su clave de búsqueda objetivo.

Además, Google es ahora capaz de interpretar las palabras con el mismo significado y atribuirles un peso en la fila.

Trate de no ser repetitivo para no aburrir al lector y para no ser penalizado por el motor de búsqueda.

Incluso ahora nos ayuda una herramienta indispensable: Seoquake permite verificar la densidad de las palabras clave dentro de una página.

¡Ten cuidado! No tienes que publicar contenido copiado de otros sitios web: Google es capaz de averiguarlo sin problemas, porque ya ha indexado el sitio original, y te penalizará fuertemente porque es una práctica incorrecta, además de ser, muy a menudo, ilegal. Utilice una herramienta como Copyscape para verificar la originalidad de su texto.

☐

Cuidado con las imágenes

Google quiere que su sitio web sea optimizado e interesante, pero también debe ser rápido.

En particular, es fundamental que las imágenes que utilices no sean demasiado pesadas, ya que esto podría causar problemas de accesibilidad en dispositivos más antiguos o con conexiones lentas.

Puede utilizar servicios como Tinyjpg para comprimir tus fotos directamente en línea. Si tu sitio web está basado en Wordpress, puede utilizar algunos plugins que automatizan la operación, como EWWW Image Optimizer y WP Smush.

También asegúrate de ayudar al motor de búsqueda a interpretar sus fotos, introduciendo algunas palabras clave en la etiqueta alt dentro del código. Esto también le permitirá rankare dentro de Google Imágenes, que puede ser una fuente adicional de tráfico.

Desorden y limpieza

Ya hemos hablado de lo importante que es mostrar un sitio web limpio y ordenado. Ahora, con un aumento de visitas desde dispositivos móviles, la gestión del espacio en la pantalla es cada vez más importante.

Google ha declarado públicamente que la presencia de un sitio web optimizado para móviles es un canal preferencial para la clasificación, lo que crea una herramienta específica: Google Mobile Friendly Test.

Comprueba que tu sitio web es 100% compatible con los requisitos de Google para evitar penalizaciones de los motores de búsqueda y problemas de visualización para los usuarios.

☐

Tu Sitio y Palabras clave

Optimiza los enlaces internos

Hemos visto lo importante que es la estructura del sitio web: ¿pero ¿cómo se genera, en la práctica? Simple, con enlaces internos.

De hecho, los mismos enlaces que los usuarios visualizan al visitar el sitio, serán los utilizados por los cralwers de Google para comprender la importancia de cada página e interpretar la estructura del sitio web.

A continuación, recuerda definir algunos parámetros en el código HTML de la página:

- El ancor text es el texto a hacer clic en un enlace.

- El título debe ser el de la página de destino del enlace.

A continuación, introduce los enlaces en la posición correcta, lo que garantiza una lectura lineal y simple del sitio web: el usuario debe poder hacer clic en el enlace exactamente cuándo crea que lo necesita y artificios como "deslizamiento al fondo del enlace" no son apreciados por Google.

El conjunto de enlaces que conducen a un determinado documento se define como enlace de entrada.

Los 5 componentes principales

Hay 5 pilares de los que cada página web no puede prescindir. Los motores de búsqueda evalúan estos aspectos de cada página y los utilizan para indexarla. Por lo tanto, trata de no olvidar ninguno.

Vamos a verlos juntos:

1. "Title Tag" es la etiqueta o orden que indica el título de la página y tiene por objeto describir

brevemente el contenido del artículo. Aparece directamente en los resultados de Google.

2. "Meta Description" es una etiqueta creada especialmente para motores de búsqueda, con el fin de proporcionar una breve descripción del contenido de la página.

3. "Header Tags", ovver H1, H2, H3, H4, H5 y H6. Permiten al motor de búsqueda entender cómo está estructurado su artículo y facilitan la lectura por parte del usuario.

4. "Tag Body" es el cuerpo real del contenido.

5. Archivos multimedia, como fotografías, imágenes, vídeos, etc.

☐

Construcción de enlaces

Google puede interpretar la estructura del sitio web en función de la URL de cada uno de sus artículos.

¿Un ejemplo? En Wordpress se puede incluir la categoría del artículo en la URL del artículo en sí: Google puede interpretar esta categoría como una palabra clave relevante para el artículo en sí.

Este tipo de URL se denomina URL estática, a diferencia de las URL dinámicas, que generalmente contienen códigos aleatorios con referencias a la base de datos interna.

Sin embargo, este tipo de comportamiento también puede ser penalizado si las categorías no corresponden realmente al contenido. Ten mucho cuidado: ¡a Google no se le miente!

Una estructura de enlaces comprensible también ayuda a los usuarios a navegar y será más agradable cuando decidan compartir su artículo con otras personas.

Además, puede ocurrir que diferentes versiones del mismo contenido tengan diferentes enlaces: este es otro problema que hay que evitar, porque Google interpretará el contenido como duplicados, provocando una penalización a una de las dos páginas.

Para resolver este problema, debes configurar una redirección 301 que muestre a los visitantes de la página de la versión antigua a la nueva.

Este tipo de redirección también informa a Google de la transferencia de URL, que no perderá la fila ganada.

Búsqueda de palabras clave

La elección de las palabras clave correctas tiene un papel fundamental que determinará el éxito o fracaso de la campaña SEO.

Se trata de una fase delicada que definirá el trabajo de todas las operaciones posteriores.

¿Cómo elegir las palabras clave de nuestra página?

Puedes pensar en seleccionar, simplemente, las palabras clave que generan más tráfico o las utilizadas por la competición, que tiene evidentemente éxito.

No es así: ¡empieza con tus objetivos y trabaja hacia atrás para intentar alcanzarlos!

La solución es el compromiso: es fundamental buscar claves con un nivel de competencia que podemos esperar derrotar, pero no apuntar demasiado bajo, de lo contrario te arriesgas a encontrarte primero para algunas palabras clave que nadie busca.

Ten en cuenta estos consejos:

1) No sólo ver el número de competidores, sino también su fuerza. Por lo tanto, comprueba la frecuencia de las palabras clave que utilizan tus competidores.

2) No te dejes engañar por el tráfico de una palabra clave, de hecho, si el nivel de la

competición es demasiado alto, no conseguirás una parte importante de todos esos visitantes.

3) Partes de keyword menos chistes, y sólo viene después de que tienes una buena reputación a los más interesantes.

El resultado será una estrategia de SEO a largo plazo que traerá resultados casi garantizados: partes de keyword long tail (es decir, de keyword muy largas y específicas) y acorta cada vez más la lista de keyword hasta llegar, ¡posiblemente a rankare para búsquedas de solamente una o dos palabras!

No subestimes tu motivación: el trabajo SEO no dará resultados a muy corto plazo, y esto podría hacerte creer que estás trabajando en vano.

Te aseguro que no es así: a partir de Keyword Long Tail podrás ver, desde el principio, que Google está indexando y está trayendo tráfico a tu sitio web.

Ten en cuenta, por último, que la fijación de la palabra clave larga cola no es necesariamente una desventaja: en los últimos años los usuarios están haciendo cada vez más búsquedas específicas, por lo que obtener los resultados deseados en el menor tiempo posible.

Imágenes para la búsqueda

Hemos visto que las imágenes son un poco problemáticas para las búsquedas. Por lo tanto, es necesario optimizarlas lo mejor posible para no perder ranks.

Existe un atributo HTML especialmente diseñado para este propósito, la etiqueta "alt".

¿Ahora te preguntarás por qué hay que usar este atributo?

Históricamente, el atributo sirve para mostrar texto alternativo en navegadores que no soportan el uso de imágenes.

Hoy en día, sin embargo, los navegadores que no soportan las imágenes son muy raros: la etiqueta sigue siendo útil porque permite al bot del motor de búsqueda interpretar como un contenido de texto, lo que la imagen representa.

Lo que no todo el mundo sabe y que a menudo no se tiene en cuenta es el nombre de los archivos: ¡el nombre que tiene el archivo que se carga como imagen es él mismo una palabra clave!

Organiza la estructura interna de tu sitio web para que tenga una carpeta con todas las imágenes que necesit: de esta manera será mucho más fácil llegar a ellas.

Por último, recuerda utilizar los formatos más populares, principalmente JPEG, GIF y PNG, y la extensión apropiada.

Search Engine Magic

Hablamos de la posibilidad de utilizar direcciones URL amigables para facilitar el aprendizaje de la estructura por parte de los motores de búsqueda. Pero no es sólo eso: Google considera que la propia URL es una fuente de keyword.

Por lo tanto, utilizamos esta funcionalidad y prestamos atención a la URL de cada página, ya que debe ser compatible con el contenido de la misma.

Para activar esta opción es necesario que el servidor en el que estamos trabajando sea compatible con el mod_rewrite.

Una curiosidad: mientras que históricamente el símbolo del guión "-ŷ y la underscore "_" eran tratados por los motores de búsqueda de manera diferente, hoy en día se consideran prácticamente iguales y equivalen a un espacio entre las palabras. Sin embargo, el guión suele ser preferible, ya que es más fácil de escribir para el usuario menos experimentado.

MOZ - Open Site Explorer

MOZ es una herramienta muy útil para la creación de enlaces: es capaz de la autoridad de dominio individual, es decir, la autoridad del sitio en el ámbito de competencia específico.

Obtener backlink de un sitio con alta autoridad de dominio es extremadamente eficaz, y puede hacer una diferencia en la clasificación de una página.

Canonical TAG

Las etiquetas canónicas son indispensables para dar a conocer al motor de búsqueda cómo se organiza cada uno de nuestros artículos.

Se trata de las etiquetas hX>, por ejemplo, h1>, h2> etc, hasta llegar a h6>, en orden de importancia: h1> será el título principal, mientras que h2> un subtítulo y así sucesivamente.

El CSS está generalmente configurado para ajustar el tamaño y la visibilidad de los caracteres de una manera que desciende, por lo que la etiqueta h1> generalmente conduce a un texto grande y muy visible.

Esto también puede ayudarte a escribir el contenido: recuerda que, si el usuario sale de tu sitio web poco tiempo después, Google lo ve como una señal de desinterés; por lo tanto, la estructura de tu artículo debe ser clara y legible desde el principio.

El archivo robots.txt

Se trata de un simple archivo de texto, que se coloca en la carpeta principal del dominio, que cada crawler lee antes de acceder al sitio.

El archivo robots.txt contiene muchas instrucciones para ayudar a los motores de búsqueda en su trabajo, por ejemplo, te permite bloquear el crawling de algunas direcciones específicas o archivos que deseas evitar hacer públicos en los motores de búsqueda.

Gracias a Google, el archivo robots.txt es simple: en las Herramientas para Webmaster de Google hay un simple generador visual.

Sin embargo, ten cuidado de no utilizar robots.txt para bloquear el acceso a las áreas restringidas de tu sitio o a material especialmente importante: las instrucciones en este archivo no son vinculantes para los motores de búsqueda, que también pueden decidir de forma independiente ignorarlo.

En este caso, debes trabajar en el lado del servidor con la configuración adecuada del archivo.htaccess.

Generar tráfico

Sistemas Pay-Per-Click (PPC)

La promoción de PPC es un instrumento muy útil para las empresas que se han lanzado recientemente al mercado: mientras que el SEO garantiza resultados a largo plazo, también es un compromiso que lleva meses o años para dar resultados importantes. Gracias al PPC, especialmente a Google Ads, seremos capaces de saltar directamente a la primera posición. ¡A cambio, Google quiere… dinero!

Sin embargo, los estudios más recientes muestran que los enlaces patrocinados se están volviendo cada vez menos eficaces: más del 70% de los usuarios se dan cuenta de que los enlaces están ahí porque están patrocinados, y los ignoran deliberadamente, mientras que el 30% de estas personas incluso se declara molesto por la presencia de estos rumores.

A pesar de esto, la campaña PPC sigue siendo la herramienta preferida, así como la más eficaz, para obtener visibilidad instantánea y en blanco.

Google Ads (el antiguo Adwords) nos ofrece un panel muy interesante para obtener el rendimiento de cada palabra clave de nuestro interés. Desde aquí podemos evaluar la bondad de las palabras clave desde el punto de vista de las visualizaciones y conversiones.

Este procedimiento nos permite concentrar nuestro presupuesto en las palabras clave que realmente generan los resultados que esperamos, sin gastar dinero innecesariamente en otras palabras que, en cambio, tienen un rendimiento mucho menor.

No siempre los sistemas PPC son los mejores para generar tráfico, un aspecto de este sistema que hay que tener en cuenta es que si no se gestiona de la mejor manera puede tener un efecto más negativo que positivo.

Una página con acceso flash de pocos segundos, es una página que no satisface al cliente de Google por lo que la página no se facilitará por Google, pero se dará prioridad a otras páginas que tienen más éxito entre los usuarios, Esto podría ocurrir si no identificamos el uso de la campaña.

Lo importante a tener en cuenta es que no tenemos que tener clics genéricos, pero tenemos que generar tráfico de calidad; no nos servirán de nada 5.000 visitas diarias si entre ellas ni siquiera uno de estos usuarios compra nuestro producto o servicio, en cambio serán muy útiles 30 visitas que traerán 30 ventas.

Veamos algunos sistemas alternativos al PPC para generar tráfico de calidad:

• Aprovechar las afiliaciones: puede crear un sistema de afiliados a través del cual ofrece descuentos o cupones a los que invitan 1/2 amigos (o incluso más dependiendo del descuento que está dispuesto a hacer) y de esta manera usted puedes conseguir tráfico gratis, te recomiendo que conceda descuentos más altos y aumentar el número de invitaciones solicitadas, por lo que obtener más clientes.

• Aprovechar los cupones: ¿Sabes esas plataformas donde se dan cupones o descuentos? Podrías aprovecharlas poniendo un descuento en tu producto y de esta manera obtendrías 2 ventajas; el primero es tráfico gratuito, De hecho, obtendrás mucha visibilidad y mucha gente visitará tu página para averiguar de qué se trata. Al mismo tiempo, podrás vencer a la competencia, de hecho, las personas interesadas en productos de sus competidores podrían comprar de usted debido al descuento.

- Guest post: Estos son los mensajes escritos en ciertos blogs con una reputación autorizada, por los usuarios invitados o de otra manera para las colaboraciones de una sola vez. También en este caso estamos generando tráfico de calidad, de hecho, las personas que hagan clic en el enlace seguramente estarán en blanco e interesados en lo que tratamos.

Sitios web y boletines

Cuando tu empresa dispone de un nuevo servicio o hay, en general, una novedad importante, lo que tienes que hacer es publicar algo en el blog de tu empresa.

De esta manera, los usuarios del blog como punto de referencia se actualizan inmediatamente a través de fuentes RSS, y otros bloggers pueden decidir hablar de ello.

Un método rápido y muy eficaz para advertir a tu audiencia de las novedades es, sin embargo, el boletín.

De hecho, en tu sitio web puedes recoger las direcciones de correo electrónico de las personas que están interesadas en tu contenido. En este caso, serás capaz de actualizar a estas personas de forma periódica, simplemente enviándoles un correo electrónico en su bandeja de entrada.

Medir el éxito

Después de aplicar los consejos y técnicas que has aprendido, necesitas controlar los resultados para ver si realmente han llevado a la consecución de sus objetivos.

Para ello, Google Analytics te ayudará.

Una vez configurado, puedes usarlo para:

- Descubrir cómo se encuentra tu sitio;
- Identificar los contenidos de mayor interés;
- Medir la eficacia de los cambios que ha aplicado;

Estas estadísticas son de gran valor y le permitirán obtener consejos sobre lo que su audiencia busca y espera encontrar en su sitio web. Además, puedes ver estadísticas sobre la ubicación de los usuarios, los dispositivos más utilizados para navegar por el sitio web y mucha más información.

Ventajas SEO de las redes sociales

Precisamente para satisfacer esta necesidad se inserta la necesidad de desarrollar una

estrategia eficaz de Content Marketing que pueda ser expresión de los valores que se quieren comunicar a través de canales como las Redes Sociales y las DPR (Digital Public Relations), que permiten alcanzar el mayor radio de difusión posible. Además de la creatividad, es fundamental construir un flujo perfecto que distribuya los contenidos producidos para obtener enlaces y visibilidad.

Efectivamente, gracias a la aparición de los foros primero y de las redes sociales después, Internet se ha convertido en un auténtico medio alternativo, siempre activo y mucho más eficaz que los medios tradicionales. Por lo tanto, se convirtió incluso automáticamente en un canal de comunicación sobre el cual invertir presupuestos importantes en espera de vueltas aún mayores.

Sin embargo, a diferencia de las redes sociales, el EEE tiene una eficacia incomparable, ya que se trata de dar lo que la gente quiere, exactamente cuándo lo están buscando.

Todas las técnicas más innovadoras de orientación no pueden sustituir la eficacia de ofrecer a un usuario exactamente lo que busca.

Las inversiones en la promoción de motores de búsqueda, por lo tanto, son muy importantes, pero pueden conducir a resultados increíbles. Se habla entonces de SEM (search engine marketing) para indicar todos los métodos que concurren a hacer un sitio web visible en los motores de búsqueda.

Además del SEO, que es el componente orgánico, podemos utilizar campañas PPC (Pay Per Click), que nos dan un resultado inmediato y garantizado, frente a un gasto constante en el tiempo.

Sin embargo, no olvidemos que las redes sociales tienen una gran importancia en la visibilidad de nuestro contenido: si el visitante encuentra un valor real en nuestro sitio web o blog, no dudará en recomendarlo a otras personas que puedan necesitarlo. Esto puede ocurrir en línea, en Facebook, Whatsapp o en los foros, pero también fuera de línea.

En efecto, el boca a boca sigue siendo un método muy eficaz para construir una audiencia en target y de calidad.

Planificación de una estrategia potente

ON-Page SEO

La On-Page SEO es simplemente el conjunto de reglas a seguir y de optimizaciones técnicas que puedes aplicar directamente en tu sitio web. Estos aspectos suelen subestimarse, pero siguen siendo fundamentales: Google no querrá mostrar al usuario una página con errores de visualización o, lo que es peor, no funcionará.

☐

Las estrategias para optimizar al máximo la página pueden dividirse en tres grupos principales:

- mejorar la velocidad del emplazamiento;
- optimizar el código HTML;

OPTIMIZACIÓN DE LA VELOCIDAD DEL SITIO

1. Optimizar las imágenes comprimiendo todas las imágenes para reducir su peso y por lo tanto la cantidad de datos que cada usuario debe descargar. Esto aumentará la velocidad de carga. Puede comprimir las imágenes con diferentes herramientas que se encuentran en la red.

2. El almacenamiento en caché del navegador permite descargar y guardar en la caché del usuario los datos que sólo se descargarán la primera vez que visite la página. A menudo se activa la caché en los contenidos estáticos, que no se modifican con el tiempo, como los archivos CSS y Javascript.

3. Activar compresión significa repetir el procedimiento descrito anteriormente. Se trata

de reducir el espacio utilizado mediante la compresión de archivos y recursos. Una excelente herramienta para hacer esto es gzip, implementable en el sitio.

4. El uso de contenido above-the-fold es muy útil, prácticamente fundamental. Se trata de los contenidos visibles directamente en la primera parte de la página, sin tener que desplazarse hacia abajo. El contenido above-the-fold debe convencer al usuario de que vale la pena leer más abajo.

OPTIMIZACIÓN DEL CÓDIGO HTML

La técnica también cuenta, como hemos visto.

Es fundamental que nuestra página esté correctamente escrita, sin errores de forma en el HTML.

A veces estos errores no conducen a resultados directamente visibles en las páginas, pero hacen que algunas secciones sean inhabitables a los robots.

Para resolver los errores presentes en el código HTML puedes utilizar un validador de código

W3C, esto le mostrará todos los errores presentes en el sitio.

Hacer Off-Page SEO es una cuestión de relaciones personales: de hecho, tendrás que trabajar para que diferentes sitios autorizados creen enlaces directos a tu sitio. Este procedimiento se denomina construcción de enlaces.

Esto es tan crucial para tu sitio web como lo es en la página SEO, es impensable hacer una sin hacer la otra.

Off-Page SEO puede darte una ventaja adicional, porque muy a menudo es subestimado por los expertos de SEO con sello técnico que no tienen las habilidades de marketing necesarias.

Hay varias maneras de hacer la construcción de enlaces:

1. Crear artículos de calidad: de esta manera obtendrás enlaces espontáneos. Cualquiera que encuentre interesante tu artículo, puede que quieras escribir algo sobre él en un foro o en tu blog, proporcionando un enlace externo de forma totalmente independiente.

2. El intercambio de enlaces: se trata de una técnica particular por la que un sitio autorizado en su área te promoverá, a cambio de una promoción pagada al revés. En algunos casos, por el contrario, puede ser suficiente pagar una suma económica.

3. Guest post: la publicación de entradas en los blogs de otros, como invitado. Además de crear vínculos, te permite crear un mínimo de marca personal que puede ayudar mucho a crear una reputación en línea.

4. Medios sociales: Las redes sociales también tienen enlaces externos. Promocione todos los artículos en las redes sociales y, si lo considera

necesario, utiliza las publicaciones patrocinadas para llegar a personas en la audiencia.

Ten cuidado con quién trabajas, sin embargo: debe prestar atención al hecho de que tus enlaces sólo se encuentran en sitios web fiables, de hecho, Google se da cuenta de que tu sitio está enlazado en un sitio malévolo, y esto no te ayuda en absoluto con la colocación.

Como en cualquier plan, no basta con definir el objetivo, sino que también es necesario definir un plazo para alcanzarlo.

Ten en cuenta que:

1) El trabajo de SEO requiere una gran atención y atención a los detalles, por lo que le llevará mucho tiempo;

2) Los resultados, en cambio, llegarán lentamente. Claro, habrá, pero no esperes ver nada antes de unas semanas.

Considera, por tanto, que es necesario, para tener éxito en esta tarea, una planificación adecuada de las tareas y una lista de reproducción temporal.

Para tener un orden de magnitud, generalmente se ven resultados tangibles en el curso de 1-2 meses, mientras que grandes mejoras comienzan a partir de los 6-7 meses.

Recuerda, sin embargo, hacer un seguimiento de tus operaciones en este período de tiempo: es fácil, de hecho, olvidarse de todo el esfuerzo que ha requerido obtener el resultado una vez obtenido.

Social Media

Las redes sociales están cada vez más extendidas y no es un secreto que gran parte de las comunicaciones pasan por estos canales.

Las empresas no dejan pasar la oportunidad de llegar a antiguos y nuevos clientes en estos nuevos medios de comunicación, que son una forma muy eficaz de promocionarse a bajo coste.

El algoritmo de Google está al día con los tiempos y considera, en el ranking, también la presencia social que un determinado sitio web ha desarrollado, la confirmación procede de la propia Google, ¡así que no hay duda!

Compartir en las redes sociales son acciones totalmente espontáneas y crean una verdadera red de backlinks, que Google y otros motores de búsqueda tienen en cuenta para el ranking.

Por lo tanto, resulta muy interesante y eficaz la acción de encontrar una manera de llevar al lector a compartir en las redes sociales: existen soluciones como plugins para Wordpress, popups u otras soluciones que complementan, directamente en el sitio web, un botón para compartir en Facebook, Twitter y otras redes sociales.

Los mitos del SEO

Tener más enlaces es mejor que tener más contenido

Una vez que crear tantos enlaces como sea posible sin analizar el origen de los enlaces fue la primera cosa que hizo para el SEO, de esta manera estabas seguro de que su sitio estaba entre los primeros lugares en la clasificación.

Ahora crear enlaces sigue siendo importante, tal vez uno de los 5 factores más importantes para rankare en la parte superior, pero es más importante centrarse en la calidad y el origen de nuestros enlaces.

Deberías concentrarte en tener varias fuentes relevantes que te conecten con páginas importantes.

¿Has notado alguna vez que algunas Urls comienzan con "http:/" mientras que otras comienzan con "https:/"? Quizás hayas notado que hay una "s", para hacerlo simple, la "s" significa que tu conexión a ese sitio está encriptada, así que los hackers no pueden interceptar ningún dato.

Esta tecnología se llama SSL (Secure Sockets Layer).

En 2014, Google anunció que comenzaría a utilizar HTTPS como método de

evaluación de sus algoritmos de clasificación; esto significaba que si su sitio todavía tenía HTTP su clasificación podría sufrir.

Posteriormente Google lanzó una nueva versión de Chrome navegador.

Esta versión advertía a los usuarios si se conectaban a una página HTTP y por lo tanto insegura.

Google afirmó que los sitios con conexión HTTPS tienen una ventaja sobre los demás en el ranking, además el 85% de las personas en una reciente encuesta afirmaron que no continúan la navegación si una página no resulta segura.

SEO es sólo Ranking

Algunos estudios sobre el porcentaje de clics y el comportamiento de los usuarios han demostrado que, los usuarios en una búsqueda prefieren los primeros 3 resultados, pero también han mostrado que, en las páginas siguientes, aparecer en la parte superior de la página no aumenta el número de clics.

El ranking no garantiza el éxito.

Teóricamente, usted puede ser rankato bien por un período, tener mucho tráfico y no ganar un centavo. ¿Es eso lo que quiere? No lo creo.

Estar rankati más alto significa conseguir más tráfico, es cierto que tendrás más exposición, pero no significa que conseguirás un mayor número de compras.

Estas son algunas razones por las que esto podría sucederte a ti también:

1. Estás buscando rankare para keywords que no están conectados a tu campo.

- Para ello, debe seleccionar cuidadosamente las palabras clave.

2. La previsión de tu página no atrae y no es atractivo para los usuarios.

- Para resolver esto, debes pensar bien en el lenguaje que hará que la gente haga clic en tu página.

3. El primer resultado podría ser un fragmento de una página que tiene más clics que la página principal.

- Para evitar este problema, debes asegurarte de que su contenido esté en la página principal y esté bien estructurado.

Pop-up penaliza el ranking en las búsquedas

¡En 2016 Google anunció que empezaría a penalizar a los sitios con ventanas emergentes intrusivos!

Por ejemplo, pop-ups que un usuario móvil debe alejarse antes de que pueda ver el contenido principal de la página le hará tener muchos problemas con Google.

Por otro lado, pop-ups (incluyendo banners y slide-ins) que utilizan una pequeña porción de pantalla y no perturban la experiencia del usuario son fácilmente aceptados por Google.

Puede ser muy útil que los pop-ups para tratar de vender su producto, lo importante es no abusar de él.

Mi página de inicio necesita mucho contenido

No hay nada más malo que la Homepage de Dropbox, poco contenido, estructura simple y lineal. Esta es la mejor manera de atraer a los clientes.

Debes especificar que hay casos en los que necesitas necesariamente más contenido escrito, en cuyo caso añadir contenido hasta que seas capaz de aclarar las ideas a transmitir al usuario.

☐

Cuantas más páginas tengo, mejor

Algunas personas piensan que al tener más páginas obtendrán más tráfico en su sitio.

Lo importante como para los enlaces a tu página no es sólo la cantidad sino sobre todo la calidad.

Si no tienes un buen contenido, no te va a gustar y todas las páginas que tienes no te van a servir de nada.

La evaluación de los visitantes es un Bonus añadido,
no un requisito

Absolutamente equivocado, una buena experiencia para los usuarios es más importante que nunca. Si Google te dirige a una página, quiere asegurarse de que tendrás una buena experiencia.

Para mejorar la experiencia de los usuarios en tu sitio tienes que concentrarte en el tiempo de carga de la página, si un usuario sale de la página poco después de entrar significa claramente que algo va mal, te recomendamos que cambies de host y confíes en servicios famosos.

Local SEO no importa

Este mito no podría estar más lejos de la realidad.

Si tienes un negocio local, la optimización de la investigación local no solo te ayudará a ser encontrado, sino que también te ayudará a ser encontrado por personas cercanas ¡y más propensas a comprarte! Así que considera este factor.

Google nunca sabrá si hay sitios maliciosos con enlaces que conducen a mi sitio

El punto es el siguiente, lo creas o no, pero Google lo sabe todo. No trates de engañarlo si no quieres ser penalizado.

Si sabes que los sitios maliciosos tienen conexiones con el tuyo no es demasiado tarde, haz todo lo posible para desconectarlos, no actúes como si nada, porque puede que te impidan hacer tu carrera.

Ponte en contacto con los sitios en cuestión y pídele que elimine sus enlaces.

☐

No necesito una estrategia de optimización para móviles

En 2015, Google actualizó el algoritmo llamado Mobilegeddon.

La actualización premia los sitios 'mobile-friendly' y penaliza a aquellos que no están completamente optimizados para los teléfonos inteligentes en los resultados de las búsquedas.

Con casi el 60% de las búsquedas de un dispositivo móvil, Google está prestando cada vez más atención a estos detalles.

Si has sido penalizado por Google no tienes que preocuparte, hasta que resuelvas el problema lo antes posible para Google está bien. Si nota una penalización en su sitio web en la Consola de búsqueda, resuelva el problema, y luego envíe una solicitud de reconsideración. Si Google puede confirmar que has resuelto el problema, la penalización será cancelada.

Puedes volver a la posición de antes o no, lo que hay que recordar es que tu visibilidad cambia constantemente, incluso sin penalización, por lo que es totalmente normal estar en una posición diferente a la anterior.

¿Crees que la búsqueda vocal es una moda? Te equivocas. En los últimos años, Amazon, Apple, Samsung y Google han anunciado el lanzamiento de las nuevas versiones de sus asistentes de voz llamados a responder a nuestras preguntas, planificar nuestros recordatorios... Como resultado de al menos 20% de todas las búsquedas de móviles en Google son vocales: un número que seguirá creciendo.

Por supuesto, está claro que esta tecnología está todavía en fase embrionaria, pero eso no la hace menos importante para los vendedores que se asoman a este campo.

Disclaimer

Todas las marcas registradas y logotipos mencionados en este libro, incluyendo Google, pertenecen a sus respectivos propietarios.

El autor de este libro no pretende ni declara ningún derecho sobre estas marcas, que sólo se mencionan con fines didácticos.